W0383640

ALFAGUARA

INFANTIL Y JUVENIL

2004, Santillana Ediciones Generales, S. L.
Torrelaguna, 60
28043 Madrid
Teléfono: 91 744 90 60

Dirección técnica: Víctor Benayas
Edición: Anabel Lobo y Vanesa Pérez-Sauquillo
Diseño cubierta: Beatriz Rodríguez de los Ríos
Maquetación: José María Moñino

Aguilar, Altea, Taurus, Alfaguara S. A. de Ediciones
Beazley, 3860. 1437 Buenos Aires. Argentina

Editorial Santillana, S. A. de C. V.
Avda. Universidad, 767. Col. del Valle,
México D.F. C.P. 03100 México

Distribuidora y Editora Aguilar, Altea, Taurus, Alfaguara, S.A.
Calle 80, nº 10-23. Santafé de Bogotá. Colombia

ISBN: 84-204-6673-5
Depósito legal: M-30.701-2004
Printed in Spain - Impreso en España por
Ibérica Grafic, S. A., Fuenlabrada (Madrid)

DÉJATE CONTAR UN CUENTO

por PAULA FARIAS

prólogo de JOSÉ SARAMAGO

fotografías de JUAN CARLOS TOMASI
y PETROS KOKKINOS

PRÓLOGO

JOSÉ SARAMAGO

Traducción de Pilar del Río

En la casa del Señor, dice Santa Teresa, hay muchas moradas. Todas celestiales, de lo contrario su propietario no sería quien es. De las múltiples moradas del hombre en la tierra también la viajera Santa Teresa conoció algo, pero no consideró necesario escribir que muchas eran ya antecámaras del infierno. En aquel tiempo la fe esperaba recibir en el cielo la recompensa por los sufrimientos padecidos en el mundo. Si la tierra era, desde siempre, un valle de lágrimas, más allá, sobre los cúmulos imponentes, aguardaba la promesa de un paraíso que durante la eternidad enjugaría esas lágrimas y consolaría de todos los pesares. Sin embargo, si de verdad existiera esa tal casa del Señor, si aquello no era nada más que una idea de la ardiente imaginación de la santa de Ávila, su lugar no se ubicaría en el cielo, ya que donde anunciaban un paraíso ante cuya puerta los rezos de los creyentes llegaban todos los días, lo que realmente hay es una inmensidad negra y vacía en la que vagan planetas muertos y de vez en cuando explotan estrellas. El universo no da ninguna señal de saber que existimos. La casa del Señor no tiene otra morada que las cabezas de los creyentes. Descendió desde lo alto y tuvo que resignarse a habitar entre los hombres. El espacio expulsó al cielo, la tierra es el lugar de felicidades humanas humanamente vividas, pero es también, y sobre todo, la morada de un sufrimiento que amenaza con no tener fin y que con demasiada frecuencia roza los lindes del horror, cuando no el horror pura y simplemente. Sufrimiento y horror que a la mayoría nos reduce al desaliento y al silencio de la impotencia, aunque a otros los eleva a grados supremos de abnegación y entrega que parecen imposibles en una humanidad tantas veces egoísta y mezquina.

Las imágenes que este libro muestra hablan del sufrimiento que habita en las moradas de los hombres y afloran el horror que sobre ellas ha caído, pero la poesía de la palabra, sin dejar de lado su ímpetu acusatorio, acude a cubrirlo todo con el aliento de una fraternidad conmovedora, como si ya se vislumbrara la casa del hombre en que todas las moradas serán, por fin, real y definitivamente humanas.

A los que crecen de sinsabores.

A los que buscan y bailan.

EN AQUELLOS DÍAS todo giraba demasiado deprisa; tiempos duros para el reino, torbellinos de violencia lo recorrían de punta a punta, nubes de dudas cubrían un cielo cada vez más oscuro, y un manto de sombras de sospecha se extendía lento y silencioso, como manteca caliente en una tostada recién hecha, amenazando el paso de las horas y los días, allá en las fronteras y aún más lejos.

Pero el infante, ajeno a todo esto, en lo alto de su torre de invierno, se dejaba mecer sin sobresaltos, envuelto en ese olor de casa, de cosas en orden, de ausencia de prisa y de

HOY VOLVERÉ a ser invisible. Del color del verde y de la caña, del color del monte. Y de nuevo nadie me verá. Ni los hombres de ruido, que llegan llenando el pueblo de alboroto, ni los sigilosos, los que dormitan debajo de las hojas de lechuga cuando creen que nadie los ve. No importa, venga quien venga no me verán, porque hoy también soy invisible. Y así, seré del color del monte para el hombre de ruido y del color de la tierra para el sigiloso y pasaré la tarde aquí, escondido, en silencio, esperando a que todos se marchen y el juego termine una vez más.

Aunque lo cierto es que ya hace tiempo que el juego no me gusta porque cada vez somos menos los que jugamos y cada vez resulta todo más difícil.

La población colombiana sufre las consecuencias de la disputa por el poder y por el control económico, político y territorial. El aislamiento de las comunidades rurales y el desplazamiento forzado impide su acceso a la salud.

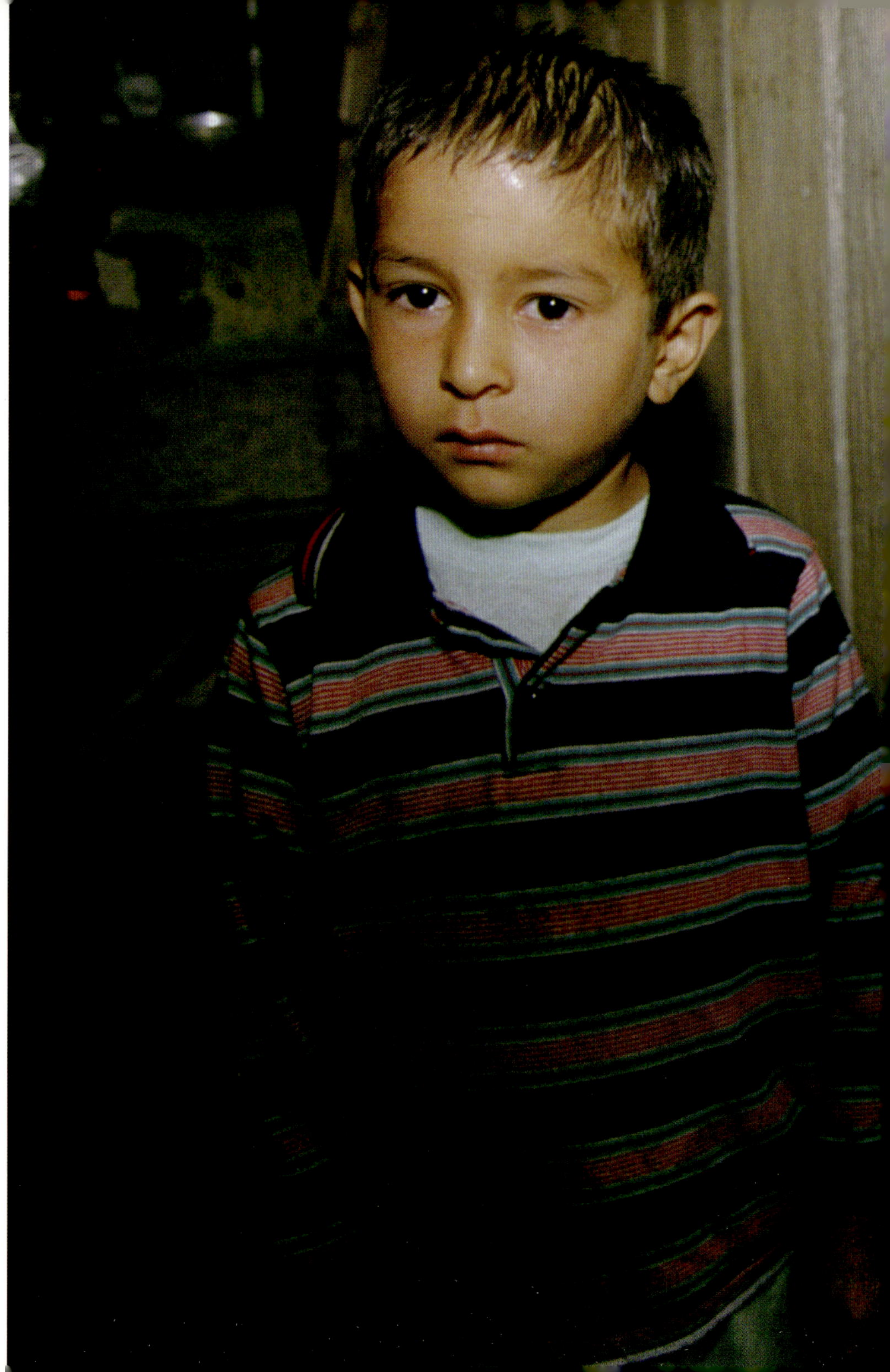

LO VI VENIR colina abajo y me puse a perseguirlo.

Supongo que él sabe adónde va, porque yo no.

Baja la colina, cruza el río, cruza el pueblo y más.

Espero que sepa adónde va.

Yo sólo lo sigo.

El juego es clave en el aprendizaje y el desarrollo de la personalidad infantil.
Muchos niños en los países pobres crecen sin poder disfrutarlo.

HAY MUCHOS DÍAS que llueve mojado pero otros la lluvia es de arroz o de maíz. A veces de nada. A veces cambian al tipo del reparto y viene el hombre torpe de las manos grandes y entonces todo es una fiesta porque cae más grano y más deprisa y así nadie vuelve a casa cabizbajo.

Algunos no vienen todos los días. Yo vengo siempre que veo pasar al camión y me quedo agazapado debajo, sin preguntar, esperando la sorpresa de ver de qué color será la lluvia, o si sólo lloverá mojado, o si el tipo del reparto será nuevo y torpe y con las manos grandes o así.

Pese a que el Derecho Internacional Humanitario garantiza la supervivencia de las personas asegurando el libre acceso de víveres y medicamentos, en muchos casos el hambre se utiliza como arma de guerra contra la población civil.

SER UN CAZADOR de saltamontes no siempre resulta sencillo, pero ser el mejor cazador de saltamontes de tu calle es más difícil aún. Si se quiere tener un buen día, uno tiene que salir a cazar cuando el sol está en lo alto, cuando más aprieta, y luego darse prisa porque hay que regresar a casa con tiempo para poner los saltamontes al fuego y dejar que se churrusquen bien, que es la única manera de que queden sabrosos.

Soy el mejor, el mejor de mi calle y probablemente el mejor del pueblo. Porque cuando voy de caza intento pensar como un saltamontes y me meto en su cabeza y sé por dónde van a intentar huir. Por eso los atrapo. Porque salto detrás de sus pensamientos.

Y luego regreso a casa orgulloso, con mi bolsa llena, sabiendo que la cena será un poco más larga.

Me gusta ser cazador de saltamontes.

A veces también me gustaría ser el capitán de mi calle.

Los niños y las niñas de la mayoría de países en desarrollo se ven obligados a trabajar para contribuir a la economía de subsistencia familiar. Muchos de ellos interrumpen o abandonan para siempre la asistencia a la escuela.

Vivo en un puzzle. Mi casa es un puzzle de colores. Está hecha de trozos de muchas cosas; maderas, trapos, latas, recortes de aquí y allá. Y resulta confortable, aunque a veces falten piezas y por los huecos se cuele el aire y los ruidos de la calle y todo.

Antes vivíamos en el pueblo y todo era más fácil, las casas eran de tierra y caña y si faltaba alguna pieza íbamos al monte a buscarla. Pero ahora no. Ahora si falta algo hay que salir a buscar al basurero de la esquina que es donde tiran todos los restos de los otros puzzles que ya no sirven para nada.

Mi casa es distinta de todas las demás. La casa de mi amigo Biko es un puzzle también, pero de otro juego. Sus piezas no encajan en la mía, o a lo mejor sí, a lo mejor es que al construir todo esto se mezclaron las cajas y por eso todo es de colores. Porque ya podía ser que toda mi casa fuera del mismo cartón y la de Biko de la misma lata, aunque así el barrio siguiera teniendo esta misma pinta de puzzle.

De todas formas a veces pienso que a lo mejor yo también estoy en el juego equivocado.

Centenares de millones de personas en el mundo viven por debajo del umbral de la pobreza. La periferia de las grandes ciudades de los países del sur recibe grandes masas de población procedentes de un entorno rural, cada vez más empobrecido e inseguro.

SOLÍAMOS COMER todos alrededor de la mesa de la cocina de mi abuela, que era redonda y daba mucho de sí porque siempre cabía ese uno más que siempre llega tarde a todas las comidas.

Se la ha llevado el viento. A la mesa y a muchas cosas más. Un día salieron volando y hasta hoy. Y desde entonces todo el mundo anda preocupado aunque creo que es por otras cosas y sospecho que en el fondo nadie se pregunta tanto como yo dónde vamos a comer ahora, sin la mesa de la abuela.

Y de vez en cuando miro al cielo a ver si la veo, porque a fin de cuentas todo lo que sale volando tarde o temprano termina por aterrizar.

Los huracanes dejan sin viviendas ni recursos a millones de personas cada año. Además de la asistencia médica y el suministro de material de socorro, es necesario proporcionar ayuda psicológica a los afectados por la pérdida de familiares.

LAS RANAS ENFURECIERON. Fue un poco por la sequía y un poco por la falta de afecto. Aunque también algo tuvo que ver ese desprecio absoluto por el verde que recorría la región. Y así se pusieron a cantar como poseídas y de eso ya hace seis días y sus seis noches y no han parado ni un solo segundo, y desde entonces llueve y llueve y los ríos se han hecho lagos y los lagos se han hecho mares y todo está mojado y a la espera. Y todo por esa falta de afecto.

O tal vez sólo llueve para hacernos olvidar lo seco que estaba todo y lo poco que nos importa mojarnos.

Las inundaciones devastan los países del sur. Se arruinan las tierras de cultivo, muere el ganado y las familias se quedan sin hogar.

NO ME GUSTA HACER COLA. Cuando haces cola la arena caliente te quema los pies.

A mi madre no le importa, saca su sombrilla y espera.

Tampoco me gusta esperar. Prefiero correr y cazar saltamontes.

El África Subsahariana afronta día a día las consecuencias de la falta de alimentos. La sequía, las décadas de guerras civiles y las enfermedades obligan a la población a depender de la distribución de ayuda internacional para garantizar su supervivencia.

ESTAMOS HACIENDO UN AGUJERO. Es el más grande de todos los agujeros porque cuando llueve el agua que queda allí atrapada es como un mar pequeño pero sin olas. Esos días no podemos cavar y todo el mundo se pone muy nervioso porque creo que todos quieren llegar a algún sitio, aunque a mí nadie me ha contado nada. Debe de ser un secreto porque los hombres gritan y se enfadan como cuando se guardan secretos.

Yo prefiero no preguntar y espero a que pase la lluvia para seguir cavando, impaciente por ver adónde me lleva el agujero a mí también.

La explotación infantil es una dinámica constante en los países pobres. En muchos casos los niños asumen la responsabilidad de la manutención de familias completas.

DEBÍAN DE SER GIGANTES de varios tamaños, casi todos con los pies peludos. Solían pasar de noche, muy sigilosos pero, aun así y por ser tan grandes, haciendo temblar un poco todo: la lámpara de aceite de la abuela, la olla que guarda el caldo, las cacerolas de la pared.

Y a mí me gustaba sentirlos agitar el mundo mientras los demás dormían, pero suave, sólo un poco. No como este último que debió de venir con los pies desnudos y por eso hizo más ruido que nunca y lo dejó todo así, la casa agitada y una puerta que ya no sabe separar a los que están dentro de los que están fuera.

Los terremotos dejan miles de muertos, familias sin techo, destrucción de escuelas, centros sanitarios y otras estructuras básicas. Se requiere mucho tiempo para que los damnificados puedan volver a la normalidad.

ME HABLARON de ir a la guerra y yo no sé por qué imaginé destellos y luz y banderas y música al volver a casa. Después me dieron un fusil aunque nadie entonces me habló del ruido y mucho menos del silencio que queda después del ruido.

El ruido al principio me asustó, ahora sólo me deja triste. Será porque casi todo el mundo anda triste y aún no ha habido un combate ni una carrera que lo haga todo luminoso. Será porque no oigo la música ni veo los destellos de luz.

El reclutamiento forzoso de niños soldados, muy frecuente en África, ha afectado a varias generaciones de congoleños dejando miles de menores traumatizados. Muchos de ellos mueren en combate.

CON LA CASA a cuestas, como los caracoles o las tortugas. Y es por eso que avanzo tan despacio. Porque me pesan los bultos. Aunque tal vez podía haber dejado estas cosas en casa, si es que aún tengo casa. Porque en el fondo creo que falta no me van a hacer. Sobre todo allá donde voy.

Soy un caracol, y avanzo a paso de caracol, y al hacerlo voy dejando mi rastro, y así al menos los que vengan detrás tendrán más fácil el encontrarme.

Y dentro de un rato, cuando me pare a descansar, dejaré los bultos y me daré la vuelta para ver cómo brilla y se pierde en el camino, mi rastro húmedo...

Pero no sé, estoy empezando a tener la extraña sensación de no saber bien hacia dónde voy y de tampoco ir dejando rastro ninguno.

A lo mejor es que en el fondo tampoco soy un caracol.

Millones de personas huyen de sus casas como consecuencia de las guerras, limpiezas étnicas o de violaciones. El Derecho Internacional Humanitario garantiza la asistencia y protección de las personas, pero la realidad convierte a las mujeres, ancianos y niños en los colectivos más desprotegidos.

MI PADRE me compró una bicicleta, como a mis hermanos mayores. Será porque ya soy mayor. Y a mí me gusta montar y monto todo el día, pero con todos estos cacharros aparcados en la acera ya no tengo sitio y tengo que ir por en medio de la carretera, aunque sé que a mi madre no le gusta porque dice que es peligroso, que me puede pasar cualquier cosa.

Los traumas psicológicos que provocan las guerras en los más pequeños marcan secuelas difíciles de superar durante el resto de sus vidas.

Todos me preguntan cosas

Me gusta estar aquí

Miles de personas tratan cada año de cruzar las fronteras del llamado Primer Mundo. La mayoría de ellos no lo consiguen.

PROHIBIDO FUMAR

TUVE SUEÑO y lo dejé ir. Ganas de volver a casa y jugué a bailar con ellas. Tuve un silencio que hacía daño y lo llené de bullicio. Tuve miedo y lo puse todo junto, como si fuese espuma, hasta hacer una montaña. Pero cuando me llegó la rabia no supe qué hacer con ella, así que me puse a amontonarla. Alguien me dijo «No deberías hacer eso, deberías organizarla», pero yo no le hice caso porque yo, mi rabia, prefiero amontonarla.

La violencia deja secuelas que perduran en el tiempo. En muchas ocasiones los niños pierden sus raíces y su marco de referencia familiar.

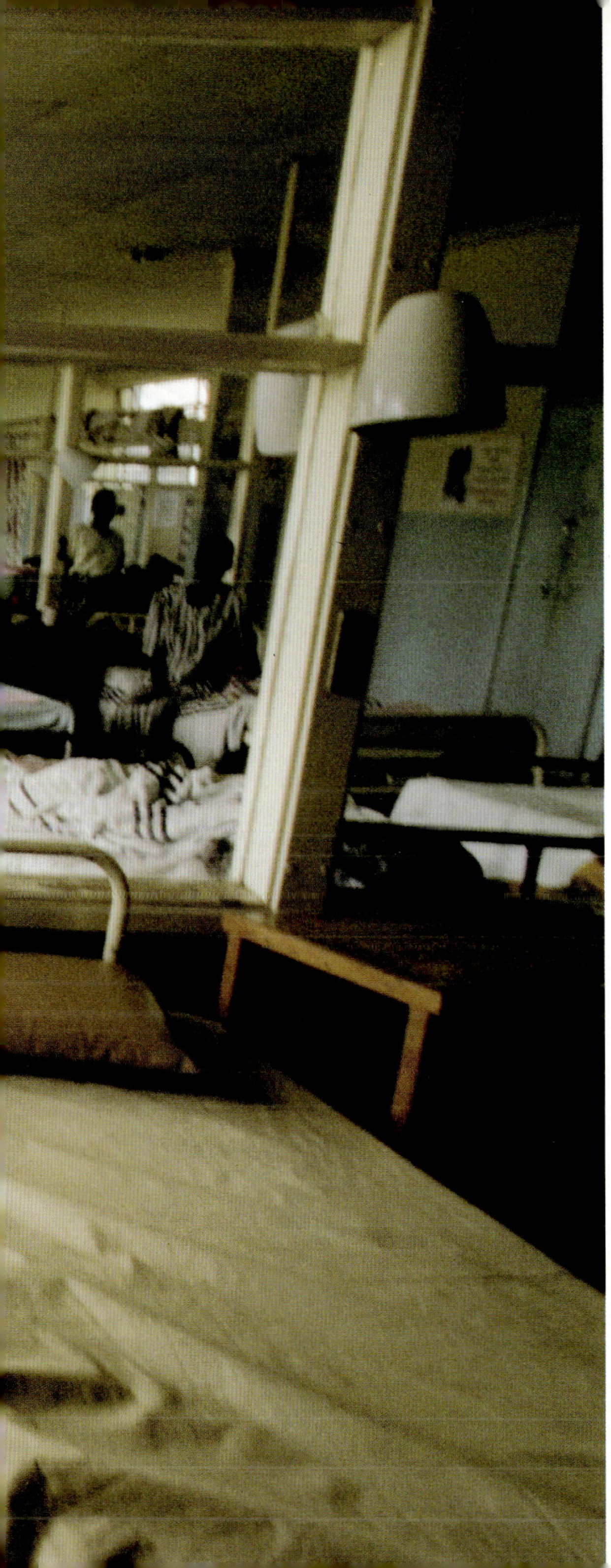

Dice que está mirándome los pulmones. ¿Qué serán los pulmones? Dice que son para respirar. No sé, porque yo, respirar... respiro por la boca. Además, tengo la sensación de que está todo demasiado negro. A lo mejor es que los pulmones se vuelven del color de tu suerte. Como el alma, como el destino.

¿Y no será que me lee el alma?

Tal vez sea mejor que no haga más preguntas.

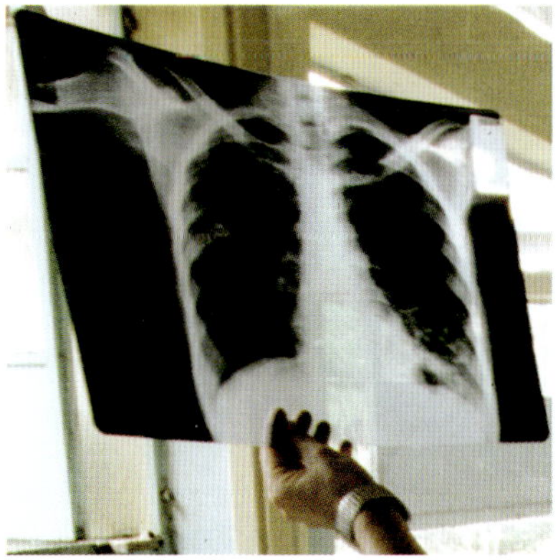

Millones de personas sufren enfermedades para las que existen tratamientos.
Sin embargo un tercio de la población mundial no tiene acceso a ellos.

EL ABUELO DICE que ha sido el viento, que se los ha ido llevando a todos, poco a poco. Yo antes, cuando lo oía soplar, me escondía, asustada, para que no me llevara a mí también. Pero el abuelo me dijo que no debía tener miedo, porque cuando el viento viene a buscar a alguien, silba antes fuerte en los cañaverales, durante un buen rato, para dejarse oír.

Por eso, ahora, ya no tengo miedo y juego sin esconderme.

Aunque a veces creo que el abuelo no sabe bien lo que dice porque aquí ya no queda casi nadie y el viento sigue silbando. Quizá es que el viento aún no sabe que desde hace tiempo juego sola.

La pandemia del SIDA está diezmando la población en el continente africano. Ha rebasado el límite de las grandes ciudades y su impacto se hace ya evidente en zonas rurales.

Millones de personas sufren enfermedades que han caído en el olvido científico, político, económico y mediático. Son pacientes olvidados o ignorados.

DE UN TIEMPO a esta parte lo olvida todo. No se acuerda de su nombre, ni del nombre de los demás. No sabe si está viniendo o si ya dejó de irse. Algo le ocurrió que comenzó a olvidar, quizá porque los demás se olvidaron de ella, o quizá porque el olvido lo

Padecía una enfermedad, aunque no consigue recordar el nombre, nadie parece recordar el nombre, pero borra la memoria. ¿Quién se olvida de qué? ¿Quién olvida a quién? ¿Qué enfermedad es esta que de olvidada ella te sumerge en el olvido?

No me acuerdo de su nombre, no se acuerda del mío y así, sin apenas notarlo y sólo con breves ratos de ira, el olvido se cuela silencioso por entre las rendijas, rellenando alrededores. Y también así, lentamente, vamos olvidando quién somos, mientras que

MI PADRE solía cultivar patatas. De eso no hace mucho tiempo. Después los soldados se lo llevaron.

Sobre la escombrera no llueve. A lo mejor las nubes no quieren que deje de ser escombrera. Desde hace un tiempo que todos los pueblos tienen la suya. Será que así es como tiene que ser.

Mi padre decía que las nubes le contaban cuándo iba a llover. Y era verdad, siempre acertaba.

No sé, pero cuando sea grande como mi padre y las nubes también me cuenten cosas, compraré este campo y lo lloveré para que vuelva a llenarse de patatas.

En Kosovo muchas personas fueron obligadas a abandonar sus hogares en condiciones dramáticas. Estos desplazamientos provocaron centenares de muertes que afectaron directamente a una generación de niños que ahora intentan rehacer sus vidas.

LLEVO TANTO TIEMPO girando que ya casi me he convertido en remolino.

Un día mi padre me llevó a recoger aceitunas a los olivos del tío Mahmoud. Se oyeron unos disparos y mi padre me dijo «Corre», «¿Como qué?», «Como un rayo», dijo. Yo no sabía muy bien qué era un rayo y comencé a girar, como un remolino. También sirvió.

Otro día fui con mi hermano a luchar a la guerra contra los soldados de ruido que, apostados detrás del muro, cercaban el pueblo. Nos acercamos con cuidado y les tiramos piedras. Comenzaron a disparar. Mi hermano me dijo «Corre», «¿Cómo qué?», «Como el viento», dijo. Tampoco supe bien qué era el viento y de nuevo comencé a girar, esta vez como un torbellino. También sirvió.

Hace tiempo que mi hermano no está. Un día se quedó quieto, no supo ser viento y le alcanzaron. También hace tiempo que no quedan olivos en el huerto del tío Mahmoud. Pero no importa, porque yo sigo girando, girando, girando, desenfocada, por ver si consigo convertirme en remolino o torbellino o no sé...

Desde el inicio de la Intifada, la población civil palestina está traumatizada por los encierros, las ocupaciones, los ataques y amenazas perpetrados durante el conflicto. Muchos menores sufren las consecuencias de los ataques militares mientras están jugando.

ME HAN ATRAPADO en esta fotografía. Me dijeron «Mira a la cámara» y yo lo hice porque pensé que sería sólo un momento y desde entonces aquí estoy, con este cigarro de tabaco reseco, y ya he perdido la cuenta del tiempo que llevo, y de vez en cuando alguien abre el libro y me entra un poco de aire y una cara de sorpresa me mira durante un rato con curiosidad, y dice que tengo cara de haber vivido mucho, y difícil, y cosas así que no sé muy bien qué significan, pero la mayor parte del tiempo estoy a oscuras y en silencio y acordándome del tipo aquel que me dijo aquello de que mirara a la cámara.

Foto de cubierta: © Juan Carlos Tomasi: Yakawlang, Afganistán 2001.

Foto de contracubierta: © Juan Carlos Tomasi: Yakawlang, Afganistán 2001.

Interiores:

8. © Petros Kokkinos: Chegrane, Kosovo 1999.

9. © Petros Kokkinos: Spin Boldak, Afganistán 2001.

10-11. © Juan Carlos Tomasi: Caquetá, Colombia 2003.

12-13. © Juan Carlos Tomasi: Sar-i-qol, Afganistán 2001.

14. © Juan Carlos Tomasi: Yakawlang, Afganistán 2001.

15. © Juan Carlos Tomasi: Yakawlang, Afganistán 2001.

16-17. © Juan Carlos Tomasi: Kibera, Nairobi, Kenia 2000.

18-19. © Juan Carlos Tomasi: Lagos, Nigeria 2000.

20-21. © Juan Carlos Tomasi: Tegucigalpa, Honduras 1998.

22-23. © Juan Carlos Tomasi: Chokwe, Mozambique 2000.

22. © Paula Farias: Gondar, Etiopía 2004.

24. © Juan Carlos Tomasi: Monrovia,
campo de desplazados de Plumkor, Liberia 2004.

25. © Juan Carlos Tomasi: Matala, Etiopía 2000.

26-27. © Juan Carlos Tomasi: Kilo Moto,
República Democrática del Congo 2003.

28-29. © Juan Carlos Tomasi: Bhuj, Gujarat, India 1998.

30. © Juan Carlos Tomasi: Bunia,
República Democrática del Congo 2003.

31. © Juan Carlos Tomasi: Bunia,
República Democrática del Congo 2003.

32. © Juan Carlos Tomasi: Kukes, Albania 1999.

33. © Juan Carlos Tomasi: Kukes, Albania 1999.

34-35. © Juan Carlos Tomasi: Pitzren, Kosovo 1999.

37. © Juan Carlos Tomasi: Tarifa, España 2001.

38. © Petros Kokkinos: Chipindo, Angola 2000.

39. © Petros Kokkinos: Chipindo, Angola 2000.

40-41. © Juan Carlos Tomasi: Busia, Kenia 2002.

42-43. © Petros Kokkinos: Kano, Nigeria 2000.

44-45. © Petros Kokkinos: Chipindo, Angola 2000.

46-47. © Juan Carlos Tomasi: Djakova, Kosovo 1999.

48-49.© Petros Kokkinos: Nablus, Palestina 1999.

51. © Juan Carlos Tomasi: Yoro, Honduras 2001.

*Gracias a todos los que de alguna manera han tenido
algo que ver en este juego de convertir ideas en libros.
Gracias a Teresa Sancristóbal y Emilia Herranz por sus textos.*

Y sobre todo, gracias a Elena Martínez, el motor y el entusiasmo.

Paula Farias (Madrid, 1968) Médico. Coordinadora de Emergencias de MSF.

Juan Carlos Tomasi (Madrid, 1959) Fotoperiodista. Colaborador de MSF.

Petros Kokkinos (Larisa, Grecia, 1967) Logista. Técnico de la Unidad de Emergencias de MSF.

Este libro se terminó de imprimir
en los talleres gráficos de Ibérica
Gráfic S. A., Fuenlabrada (Madrid),
en el mes de septiembre de 2004.